시로 맛을 낸
행복한 우리 한식

한국시인협회 엮음

시로 맛을 낸
행복한 우리 한식

76명의 시인들이 시로 쓴 맛깔스러운 우리 음식

한국시인협회 엮음

문학세계사

■ 한식 시집을 펴내면서
한 편의 아름답고 맛있는 시로 탄생한 한식 韓食

    음식은 사람들에게 행복의 질을 새롭게 음미할 수 있게 해주는 힘을 가지고 있다. 그뿐만 아니다. 세계가 동시간대 같은 주제에 대해 이야기하며 한마당이 된 오늘의 디지털 시대에서 한국 음식은 세계인들의 미각과 시각을 매료시키고, 새로운 문화적 코드로 떠오르고 있다. 이미 한국의 문화는 세계인들의 사랑을 받으며 K-Pop, K-Drama, K-Movie로 자리잡았으며 지금은 K-Food라는 새로운 문화 콘텐츠가 세계인의 눈과 입을 즐겁게 해주고 있다. 이런 즈음, 한국 시인협회는 미각으로 인간의 일상을 끌어올리게 하는 한국 음식 76가지를 선정해 시로 재해석하는 시집을 내놓는다.
    한국 음식이 세계인들의 사랑을 받는 것은 단순히 한국의 국가 경쟁력 강화와 K-Pop 등의 문화적 위상이 높아져서만이 아니라 우수한 한국 먹거리와 음식에 대한 새로운 인식이 자리잡기 시작하면서 자연스럽게 이루어진 것이다. 재료의 고유한 맛을 살리면서 영양을 파괴하지 않고 조리 과정을 통해 더 좋은 영양소까지 만들어 내며 몸을 살리는 한국 음식의 우수성에 대한 인식이 국가 브랜드의 가치 상승과 문화적 위상을 한 단계 높이고 있는 것이다.
    무엇보다 한식은 손끝의 음식이 아니라 가족의 사랑이 함께 조리

되는 음식이란 점을 강조하고 싶다. 이 시집은 76가지의 대표적인 한국 음식에 시인들의 경험을 하나하나 녹이고 추억이 배어 있는 시로 형상화하여 한 편의 아름답고 맛있는 시를 탄생시키는 작업이었다. 갖가지 음식시 속에 시인들은 고향 물맛이며 고향 햇살, 어머니의 손길과 어머니의 목소리를 담았다. 한식은 향수며 사랑이며 창조였다. 어머니가 손수 캐내어 버무린 자연 그것이 한식이 아니겠는가. 한국 음식의 장점과 우수성은 물론, 시인들의 개인적 삶이 무르녹은 음식시는 독자들 누구에게나 감미로운 맛으로 전해질 것이며, 한국 음식에 대한 자긍심을 간직하게 할 것이다.

　시인들의 시어는 깊은 맛이며 맛의 풍광이다. 그 맛의 즐거움을 시의 입맛으로 발화하여 입 속의 혀를 넘어선 상상의 입맛으로 시인들의 고유 경험을 새롭게 태어나게 한 시집을 묶게 된 것은 감격이었다. 즉 한국 음식을 문화적 콘텐츠의 핵심인 시로 옮기는 것은 새로운 감수성과 가치를 부여하는 일이며, 그 어떤 내용의 시보다 공감과 위로와 상생의 힘을 키우는 역할을 하게 될 것이다.

　이 한식 시집은 현재 범국민적으로 전개되고 있는 '식사랑 농사랑 운동' 과 같은 맥락으로, 음식 시집을 통해 국민건강을 증진시키고 우리 먹거리를 소중하게 인식하는 계기를 마련하는 일도 함께 생각했다. 모쪼록 이 한식 시집이 우리의 내적 힘을 키우는 사랑의 시집으로 가족, 사회, 국가, 세계로 뻗어나가 한국시의 본 질까지 넓히는 계기가 되기를 기대하고 싶다.

　　　　　　　　　　　한국시인협회 회장　신 달 자

행복한 우리 한식 ● 차례

1

오곡밥　김정인 ──── 13
칼국수　김종길 ──── 16
잔치국수　김종해 ──── 18
전煎　김지헌 ──── 20
감자떡　맹문재 ──── 23
송편　문효치 ──── 26
찐빵　박형준 ──── 28
비빔밥　오세영 ──── 30
빈대떡　오탁번 ──── 33
쑥개떡　유안진 ──── 36
쌀밥　이건청 ──── 38
김밥　이병률 ──── 40
수제비　이재무 ──── 42
따로국밥　이하석 ──── 44
메밀냉면　장옥관 ──── 46
메밀전병　전윤호 ──── 48
곤드레나물밥　최영규 ──── 50
묵　한영옥 ──── 53

2

추어탕　　감태준　——— 59
순두부찌개　　공광규　——— 62
비지찌개　　권택명　——— 65
매생이국　　김 윤　——— 68
선지해장국　　신달자　——— 70
육개장　　신중신　——— 73
북엇국　　유자효　——— 75
미역국　　이규리　——— 78
떡국　　이근배　——— 80
어죽　　이기와　——— 82
청국장　　이승하　——— 85
삼계탕　　이은봉　——— 88
김치찌개　　장태평　——— 90
설렁탕　　정진규　——— 93
된장찌개　　최동호　——— 96
신선로　　최문자　——— 99
콩나물국　　한분순　——— 102
도다리 쑥국　　허영자　——— 104

3

막걸리   김왕노 ──── 109
구절판   김유선 ──── 112
총각김치   김종철 ──── 114
배추김치   김후란 ──── 116
오이장아찌   노향림 ──── 118
시래기   도종환 ──── 120
보쌈김치   서안나 ──── 122
고들빼기   서정춘 ──── 124
고추장   오정국 ──── 126
한과   윤성택 ──── 128
동치미   윤후명 ──── 130
수정과   이길원 ──── 132
잡채   이상호 ──── 134
깍두기   이수익 ──── 136
김 자반   이어령 ──── 138
미나리강회   이인원 ──── 141
산나물   이화은 ──── 144
개두릅나물   장석남 ──── 146
상추쌈   홍성란 ──── 148

4

삼합 곽효환 ——— 153
도다리회 김광규 ——— 156
돼지갈비 김병호 ——— 160
꼬막조개 김용택 ——— 162
멸치볶음 김형영 ——— 164
장조림 나태주 ——— 166
과메기 문인수 ——— 168
육회 문현미 ——— 170
순대 박종국 ——— 172
어리굴젓 박주택 ——— 174
북어찜 박희진 ——— 176
꼬막 송수권 ——— 178
삼겹살 원구식 ——— 180
불고기 이가림 ——— 183
객주리 조림 이명수 ——— 186
안동 찜닭 이영광 ——— 188
간장게장 이정록 ——— 192
산낙지 정호승 ——— 194
굴비 조창환 ——— 196
낙지볶음 허형만 ——— 198
족발 황학주 ——— 200

1

쓸쓸한 날이면 묵 한 사발 비벼 밥 대신 먹는다
청포묵도 좋고 메밀묵이나 도토리묵이어도 좋다
뭉근하게 고여 틀어 입 속을 고루 만져 주다가
헛헛한 뱃속 그득하게 부풀려주는 식물성의 화평
오래 뜸들이고 있는 사람의 전갈이라도 올 듯하다
―한영옥, 「묵」 중에서

오곡밥

김정인

달이 가장 밝은 날엔
아직도 꼬투리를 털어내지 않은
곡식 보퉁이를 풀어 농사밥을 짓는다
액은 멀리멀리 가라고
기쁜 소식만 오라고
고봉으로 담아낼 보름밥을 짓는다

오곡밥을 먹어야 새살이 난다며
엄마는 새벽부터 부럼을 깨게 하고
묵은 나물을 무쳤다
쌀, 콩, 팥, 조, 수수처럼 색깔도 크기도 다른
우리 남매들은 손잡고 소원 빌며

둥근 달빛을 안았다

갈라진 엄마의 손끝에
퍼석퍼석 솟은 거스러미도
발아發芽를 꿈꾸는 정월 대보름날은
휘영청청 달빛 휘감고
보름밥을 먹는다
시루에서 푹 쪄낸 풍요를 먹는다
서로 숟가락 건네며

칼국수

김종길

내 고향 안동에서는
국수를 국시라 하는데,
이제는 서울에도 '안동 칼국시' 집들이 있다.

국수에 칼이라는 접두사를 붙이는 것은
기계로 빼는 국수와 구별하기 위한 것이니,
칼국수는 우리의 주요한 전통적 음식.

우리는 그것에 관한 숱한 추억을 가지고 있다.
나는 어릴 적에 국수를 좋아하지 않았지만,
그것을 만드는 것을 보는 것은 좋아했다.

안반 위에서 방망이에 말려,
종잇장처럼 얇아진 국수를 썰면 나오던 '국시꼬리'.
그것을 화롯불에 구워 먹는 것은 더욱 좋았다.

지금 칼국수가 내게 각별한 그리움을 자아내는 것은
옛 시골집 안마루에서 그것을 만들던 안어른들 때문.
지금은 그 옛집도 그 안어른들도 찾을 길 없기 때문.

잔치국수

김종해

어머니 손맛이 밴 잔치국수를 찾아
이즈음도 재래시장 곳곳을 뒤진다
굶을 때가 많았던 어린 시절
그릇에 담긴 국수면발과
가득 찬 멸치육수까지 다 마시면
어느새 배부르고 든든한 잔치국수
굶어본 사람은 안다
잔치국수 한 그릇을 먹으면
잔칫집보다 넉넉하고 든든하다
잔치국수 한 그릇은 세상을 행복하게 한다
갓 삶아 무쳐낸 부추나 시금치나물,
혹은 아무렇게나 썰어놓은 김장김치 고명 위에

어머니 손맛이 밴 양념장을 끼얹으면
젓가락에 감기는 국수면발이
입 안에 머물 틈도 없이
목구멍을 즐겁게 한다
아직 귀가하지 않은 식구를 위해
대나무 소쿠리엔 밥보자기를 씌운
잔치국수 다발
양은솥에는 아직도 멸치육수가 뜨겁다

전煎

김지헌

마을 잔치가 있는 날이면 제일 먼저
가마솥 뚜껑 엎어놓고 콩기름 들기름 두르고
여자들은 둘러앉아 전을 부쳤다
동태포나 애호박에 밀가루 묻히고 계란 옷 입혀
실고추, 쑥갓 잎으로 모양을 낸다
그뿐이랴
온갖 재료로 반죽을 하여 부쳐내는 부침개도 있다
지짐개나 막부치라고도 했다
그러니 한국의 전煎은 수백 가지도 넘을 것이다
어릴 적
큰댁에 제사 지내러 가신 부모님 기다리다
까무룩 잠든 밤

잠결에 고소한 냄새 풍겨오던 제사 음식에 꿀꺽
입맛 다시다 잠들곤 했다
긴 겨울 지나 봄비 내리는 어느 날 냉장고를 뒤져
지글지글 빗소리 닮은 부추전과 김치전을 부치고
개다리소반에 쌀알 동동 뜬 동동주까지 곁들여
"한잔하지……" 하고 불러내면
소 닭 보듯 데면데면하던 그 남자도 금세 환해진다
그러니 제사상의 쇠고기 산적이나 싸구려 부추전도
육전이나 해물파전도 모두 평화주의자,
이 음식 앞에선 모두 마음의 빗장을 풀고
한 세상 같이 건너갈 친구가 된다
보수도 진보도 함께 어우러지는 평화주의자가 된다

감자떡

맹문재

내 손을 잡은 큰고모님은
말갛게 웃으신다

들일과 땔감 나무를 하느라 손이 거칠고
자식들 걱정에 머리가 세었지만
장조카를 바라보는 눈길은
윤기가 난다

상처가 나거나 상한 감자들이
물 담긴 독에 담겨 썩는 동안 내는
고약한 구린내

물을 갈아주고 또 갈아주는 손길에
구린내는 사라지고 남는
햇살 같은 녹말가루

그리하여 감자떡은
상처도 슬픔도 냄새도 감쪽같이 지운
말간 얼굴이다

할머니를 닮은 큰고모님이
눈밭에 서 있는 내게 감자떡을 내민다

송편

문효치

원추리꽃 필 때
달을 보았지

몸을 헐어
꽃잎으로 내려오고 있었지

노고단 기슭을 온통 누비다가
때로는 내 살 속으로 들어오고 있었지

그때쯤, 그때쯤
살 속을 돌던 달빛이 마악 익어
손가락 끝으로 빠져나올 그때쯤

나는 새로 달을 만들어
하얀 접시 위에 올려놓고 있었지

계수나무 아래 방아 찧는 토끼도 그려 놓았지
우리 엄마 얼굴도 그 틈에 새겨 새겨 넣었지

참기름 발라 매끈매끈한 목소리로
지나가는 새가 노래 불렀지

찐빵

박형준

겨울에 도시로 전학 와 새 학교 갔다
처음 집으로 돌아오는 길,
저녁이 오도록 집을 못 찾고
비슷비슷한 골목길을 헤매다녔다
시골집에서는 저녁때가 되면
무쇠솥을 들썩이는 밥물의 김처럼
부엌문을 열고 어머니가 나를 부르는 소리만으로
동네 어디에서 놀고 있어도 집으로 돌아갈 수 있었는데
이제는 나 혼자의 힘으로 집으로 돌아가야 한다
돌아가야 한다며,
찐빵집 앞에서 피어오르는 하얀 김을 바라보았다
겨울 저녁 찐빵집 앞을 지나가다 보면 그때처럼

추억의 온도로 부연 찐빵의 김에 내 자신을 맡기고 싶어진다
팥소 가득한 찐빵을 뜨겁게 목구멍 속으로 밀어 넣으며
하얀 김 속에서 그렇게,
집에 가다 말고 잠시 서 있고 싶어진다

비빔밥

오세영

음식 나라에선
비빔밥이 민주국가다.
콩나물과 시금치와 당근과 버섯과 고사리와 도라지와
소고기와 달걀—이 똑같이 평등하다.
육류肉類 위에 채소 없고
채소 위에 육류 없는 그 식자재食資材
이 나라에선 모두가 밥권을 존중한다.

음식 나라에선
비빔밥이 공화국이다.
콩나물은 시금치와, 당근은 고사리와
소고기는 콩나물과 더불어 함께 살 줄을 안다.

육류 없이 채소 없고
채소 없이 육류 없는 그 공동체 조리법
이 나라에선 아무도 홀로 살지 않는다.

음식 나라에선
비빔밥이 복지국가다.
각자 식자재가 조금씩 양보하고,
각자 조미료가 조금씩 희생하여
다섯 가지 색과 향과 맛으로 우러내는
그 속 깊은 영양가.
이 나라에선 어느 누구도 자연을 거스르지 않는다.

아아, 음식나라에선
한국이 민주주의다.
한국의 비빔밥이 민주주의다.

빈대떡

오탁번

1

동네 잔칫날
어른들은 풍물을 놀고
차일 아래 아낙네들이
솥뚜껑 엎어놓고 빈대떡을 부치면
고소한 냄새가
고샅길 따라 저녁연기처럼 퍼졌다
지게미 먹고 볼이 발개진
까까머리 바둑머리
조만조만한 아이들은
거나하게 취한 어른들 흉내내며

맛있는 빈대떡 한입씩 물고
맴맴을 돌았다

2

비 내리는 어슬한 저녁
포장마차에서 마시는 막걸리는
빈대떡 안주라야 제 맛이다
한 사발 한입에 비우고
빈대떡 먹을 때면
그 옛날의 풍물 소리가
마른 검불 날리듯
보스락보스락 들려온다
슬금슬금 빈대떡 집어주던
진외당숙모와 어머니는
이젠 이 세상에 없지만
아나, 하고 부르던 목소리는
귓가에 이냥 생생하다

한여름 피어나는 샛노란 녹두꽃도

가을 뙤약볕에

조롱조롱 여무는 녹두 꼬투리도

아주 잘 보인다

쑥개떡

유안진

그립다, 둘러앉아 쑤군덕거리면서
한 식구 한 이웃이 같이들 먹던 쑥버무리가
쌀가루보다 쑥이 더 많아서
너무 자란 줄기가 너무 질겨서
씹다가도 손가락으로 골라내야 했던 쑥개떡이

속이 매스꺼울 때마다
입 속에 쓴 물이 고일 때마다
쓴맛이 단맛인 줄을 알아버린 혓바닥이 찾는
보릿고개 적의 끼니, 별식 아닌 음식
시퍼런 쑥버무리 주먹 같던 씁쓰레한 쑥개떡

황량했던 쑥대밭 세상 쑥대머리 시대 시대를
시퍼렇고 시꺼먼 쑥대궁으로 살아남아
문득 문득 쑥개떡 쑥버무리가 땡기는 날
혼자 걸어가 사 먹어 보다가

이건 아니다, 너무 달고 너무 보드랍다
내 맛은 질금질금 씹히는 쑥대궁에 쓰건 맛이라고
위장과 어금니와 혓바닥이
한 몸 한 목청으로 투덜거린다
쑥대밭 쑥대궁이 되어버린 줄 모르느냐고.

쌀밥

이건청

사기그릇에 수북하게 담긴 저것을
밥이라고, 쌀밥이라고 말씀하시네요,
이천 쌀밥이니, 기름지다고
찰지다고 말씀하시네요,
아버님, 어머님 평생 흘리신 땀,
그 땀, 논바닥에 쌓이고 쌓여
벼포기를 밀어 올리셨으니
허리 굽히시고 밀어 올리셨으니,
아버님 어머님 평생이 불러온 저것이,
피를, 살을, 뼈를 여물게 한 저것이,
사람을 상머리에 둘러앉게 하는 저것이,
그냥 쌀일 수 없지, 쌀밥일 수 없지,

피와 살과 뼈를 여물게 한 저것이,
지순한 마음이 마음을 불러
상머리에 둘러앉게 만드는 저것이
그냥 쌀일 순 없지, 쌀밥일 순 없지
사기그릇에 그득히 담긴 저것이
그냥 쌀밥일 순 없지,

김밥

이병률

어느 날의 김밥은
굴리고 굴려서 힘이 된다
굴리고 굴려서 기쁨이 된다

잘라진 나무의 토막처럼 멋진 날이 된다

김밥은 단면을 먹는 것
둥그런 마음을 먹는 것
그 안의 꽃을 파먹는 것

아픈 날이면 어떤가
안 좋은 날이면 어떤가

김에서는 바람의 냄새

단무지에선 어제의 냄새

밥에서는 살 냄새

당근에선 땅의 냄새

아이야

혼자 먹으려고 김밥을 싸는 이 없듯이

사랑하는 날에는 김밥을 싸야 한단다

아이야

모든 것을 곱게 펴서 말아서 굴리게 되면

좋은 날은 온단다

수제비

이재무

한숨과 눈물로 간 맞춘
수제비 어찌나 칼칼, 얼얼한지
한 숟갈 퍼올릴 때마다
이마에 콧잔등에 송송 돋던 땀
한 양푼 비우고 난 뒤
옷섶 열어 설렁설렁 바람 들이면
몸도 마음도 산그늘처럼
서늘히 개운해지던 것을

살비듬 같은 진눈깨비 흩뿌려
까닭 없이 울컥, 옛날이 간절해지면
처마 낮은 집 찾아들어가 마주하는,

뽀얀 김 속 낮달처럼 우련한 얼굴

구시렁구시렁 들려오는

그날의 지청구에 장단 맞춰

야들야들 쫄깃하고 부드러운 살[肉]

훌쩍훌쩍 삼키며 목메는 얼큰한 사랑

따로국밥

이하석

국밥 먹기란 얼마나 성급한가?
선 채로 먹건 앉아서 먹건 그 뜨거움에 숨을 몰아쉬면서
현실과 꿈, 나와 너, 또는 지나온 곳과 가야 할 곳까지
말아서 후딱 해치우느니.

그러니, 숨을 돌리기 위해 국 따로 밥 따로 해서
국에 밥을 말아 먹건, 밥 먹고 국을 떠먹건
느긋하게 해결하도록 따로국밥을 낸 거다.

얼큰 화끈한 기질 아닌가.
뼈 우려낸 국물과 밥은 한 기운으로
자욱한 김에 싸인다.

이 분지에서는 누구든 그 기운으로 일어선다.
평상에 앉아서 맹더위와 싸울 때나,
장터 언저리에서 매서운 추위와 너나들이 할 때
그 뜨겁고 매운 걸 한사코 들이켠다.
서로 만만치 않은 삶을
그런 자욱함으로 휩싸버린다.

메밀냉면

장옥관

겨울을 먹는 일이다
한여름에 한겨울을 불러 와 막무가내 날뛰는 더위를 주저앉히는 일
팔팔 끓인 고기국물에 얼음 띄워
입 안 얼얼한 겨자를 곁들이는 일

실은 겨울에 여름을 먹는 일이다
창 밖에 흰눈이 펄펄 날리는 날 절절 끓는 온돌방에 앉아
동치미 국물에 메밀국수 말아 먹으니 이야말로
겨울이 여름을 먹는 일

겨울과 여름 바뀌고 또 바뀐

아득한 시간에서 묵은 맛은 탄생하느니
아버지의 아버지의 아버지, 그 깊은 샘에서 솟아난 담담하고 슴슴한 이 맛
핏물 걸러낸 곰국처럼 눈 맑은 메밀 맛

그래서일까 내 단골집 안면옥은
노른자위 도심에 동굴 파고 해마다 겨울잠 드는데
풍속 바뀌어 겨울잠 자는 게 아니라
냉면은 메밀이 아니라 간장독 속 검고도 깊은 빛깔처럼
그윽한 시간으로 빚는 거라는 뜻 아닐는지

메밀전병

전윤호

강원도 정선 오일장에 가면
함백산 주목처럼 마른 할머니들이
부침개를 파는 골목이 있지
가소로운 세월이 번들거리는 불판에
행운처럼 얇은 메밀전을 부치고
설움이 삭고 삭은 묵은지를
도마 위에 다져서
전병을 만들지
참 못생기고
퉁명스러운 서방이
이불 둘둘 말고 잠든 모양
한 입 씹으면

인생의 매콤한 맛을 느끼지
함석지붕을 때리는 소낙비를 들으며
옥수수막걸리를 마시던 친구들은
하나 둘 사라지고
뒤통수만 보여주며 달아나던 처녀들도
간 곳 없는데
이 땅의 하늘을 떠받친 태백산맥 아래
아라리 흐르는 강 사이로
메밀전병 부치는 할머니들은
고소한 기름 냄새 풍기며
아직 그 자리에 있지

곤드레나물밥

최영규

물에 잘 불려 삶은 곤드레나물
그늘에 지난 봄 가뭄을
빨래 헹구듯 찬물에 헹구어
숭덩숭덩 대강 썰어서는

들기름과 소금으로
손맛이 나도록 꽉꽉 주물러서는
끓는 밥 위에 뿌리고
뜸이 들기를 기다린다

솥뚜껑을 열어젖히면
메말랐던 봄 냄새가

먼지바람처럼
훅! 올라온다

나물보따리 보따리 져 내리던
빕새울 너머 무건골 선순이
목덜미 근처 옷깃 사이로
훅! 올라오던
그 매캐했던 봄나물 냄새

옛날엔
나물에 쌀을 임내*만 내고 끓여
훌훌 마시듯 끼니를 때웠다던데
이제 그리는 못 먹지, 안 먹지
별미며 특식이 되어버린

봄날 잎을 죄다 뜯기고도
한여름이면
보랏빛에 꽃을 무리져 피우며
우리를 위로해 주었던 곤드레나물.

*임내 : '흉내' 의 강원도 사투리.

묵

한영옥

개나리 깔깔거리며 올라올 때쯤 해서는
아들 딸 치우는 집들도 덩달아서 피어났다.
음식 솜씨 좋은 어머니는 이 집 저 집 불려가
바쁘게 종종걸음치며 노곤한 봄과 씨름했다
한참 돌아오지 않는 어머니 기다리지 못하고
동생들 손잡은 채 울렁거리는 잔칫집 기웃대면
행주치마 속으로 묵 한 대접 그득하게 날라
모퉁이에 우리들 앉히고 얼른 먹게 하던 어머니
행주치마 펄럭이며 다시 부엌으로 종종걸음 가는
서운한 어머니와 이런 동생들 투정 섞이는 탓에
참기름 냄새 고소하게 번지는 부들부들한 맛,
왠지 서러워 울먹울먹하면서 배를 채웠는데

급하게 돌아오면서도 우리들은 체하지 않았다
그득하게 차오르는 서러움의 기억 더욱 부르려
쓸쓸한 날이면 묵 한 사발 비벼 밥 대신 먹는다
청포묵도 좋고 메밀묵이나 도토리묵이어도 좋다
뭉근하게 고여 들어 입 속을 고루 만져 주다가
헛헛한 뱃속 그득하게 부풀려주는 식물성의 화평
오래 뜸들이고 있는 사람의 전갈이라도 올 듯하다
동생들 집에 뫼는 날은 푸짐하게 쑨 묵 식혀가며
그 시절 잔치들과 어머니 젊은 행주치마 꺼내본다
묵묵히 함께 가르는 묵 한 모, 두 모마다 덮이는
개나리 울타리 동글동글하던 마을의 날들 노랗다
싫지 않은 서러움의 배부름, 스윽 묵 맛을 다신다.

2

도다리 쑥국 한 그릇이면
목마름도 배고픔도
문득 가시고
우리 마음 속
꽝꽝한 얼음은 녹아내리리.
―허영자, 「도다리쑥국」 중에서

추어탕

감태준

사랑을 보내고 앓아도 배고프고
눈앞이 캄캄해도 시뻘겋게 해 뜨는 이치
감국화야 너도 알지?
찔레 덤불 마음 속은 못 걷고
화왕산 십리 억새 길 걷던 날
농가 밥집 마당에 배고파 나타난 이 사람
평상에 앉아 추어탕 시켜먹던 그 남자

감국화야 너도 기억하지?
찔레 가시 돋은 혓바닥
추어탕에 입맛 얻고 나서야
비로소 널 쳐다보던 나를

널 쳐다보고 백세주 한 병 시켜 반주하던 나를
감국화야 너도 알지?
사랑을 보내고 앓아도 놀은 붉게 타 번지고
눈앞이 캄캄해도 배는 고프고

그 농가 할머니 손맛 생각하면
사랑은 뒤끝이 슬퍼서 쓰네
추어탕은 속을 데워 쓴 옛일을 달래네.

순두부찌개

공광규

순두부는 부드럽고 연하고 순해서
조금만 건드려도 부서지고 뭉개지기 쉬운 뇌 같은 것
마음 같은 것
연인의 입술이나 덜 익은 사랑 같은 것
그래서 처음에는 약한 불로 요리를 시작해야 하지
사랑의 처음처럼 약한 불에 참기름과 고추를 볶아 고추기름을 만들고
다음엔 좀 진전된 사랑처럼 센 불에 돼지고기를
돼지고기가 없으면 쇠고기를 볶아 입맛을 두텁게 하지
거기에 물을 붓고 마음처럼 잘 끓으면
양념으로 파와 바지락을 넣고 순두부를 넣으면 되지
계란은 넣어도 되고 안 넣어도 되고 요리사 맘대로

소시지를 넣으면 부대순두부찌개

김치를 넣으면 김치순두부찌개

만두를 넣으면 만두순두부찌개

버섯을 넣으면 버섯순두부찌개

들깨를 넣으면 들깨순두부찌개

굴이나 새우나 주꾸미를 넣으면 해물순두부찌개

사랑에 무르익은 애인처럼 부드럽고 연하고 순하여

다른 것과도 잘 어울리는 순두부는 입술의 맛

그러나 급하게 먹으면 입에 화상을 입을 수 있지

급한 사랑처럼

그래서 후후 불면서 먹어야 해

살갗에 불어오는 봄바람 흉내를 내며

비지찌개

권택명

수십 년래의 혹한이라고
구석 선반의 먼지 쓴 TV가 뉴스를 전하고 있는 사이
보글보글
황달 걸린 흰자위처럼 노리끼리한
비지찌개가 끓는다
언 손 비비고 들어온 어깨 처진 사내들
김 서린 안경 너머로
컬러풀한 신품 막걸리잔 부딪치며
그래도 호기롭게 원샷을 한다
포도청 같은 목구멍을 달래는 순한 알코올의 기운
콩비지묵은김치돼지고기양파마늘새우젓
여리고 착한 것들 질그릇 냄비 안에서 사이 좋게 섞이며

싼 게 비지떡 신세에서
섬유질 단백질에
한 많던 세월 밤새워 두부 만드시던
아아 이미 지상에는 없는 어머니,
고향의 그리움까지 섞이어
웰빙 건강식 대접받는다고,
세상 오래 살고 볼 일이라고
지글지글
힘차게 끓어 넘친다

매생이국

김 윤

얼어붙은 겨울 아침
두레 밥상인데
진초록 바다풀 남실
흰 사발마다 담겨 있네
뉘도 모르는 사랑에 막 빠진 처녀처럼
펄펄 끓어 뜨거워도
수줍어, 김나는 기척도 없이
향긋하고 시원한
겨울바다 한 소식을 전하네

갯벌에 대나무 발 펼쳐
속눈썹에 맺히는 눈물처럼

남쪽 정결한 바다가 길러낸 것
부지런한 내외가 쪽배에 엎드려
찬 손으로 뜯어 올릴 때
푸른 마음 함께 들어 올려져
흰 눈 펄펄 날리는 녹청 바다가
막사발 속에서 따뜻한 말을 거네

선지해장국

신달자

한 사내가 근질근질한 등을 숙이고 걸어갑니다
새벽까지 마신 소주가 아직 온몸에 절망을 풍기는
저 사내
욕을 퍼마시고 세상의 원망을 퍼마시고
마누라와 자식까지 고래고래 소리를 지르며 퍼마시다가
누구를 향해 화를 내는지 두리번거리다 다시 한잔
드디어 자신의 꿈도 씹지도 못한 채 꿀꺽 넘겨버린
저 사내
으슥으슥 얼음이 박힌 바람이 몰아치는 청진동 길을
쿨럭쿨럭 기침을 하며 걸어가다가
바람처럼 '선지해장국' 집으로 빨려들어갑니다
야릇한 미소를 문지르며 진한 희망 냄새 나는

뜨거운 해장국 한 그릇을 받아 드는데
소의 피, 선지 한 숟가락을 물컹하게 입 안으로
우거지 한 숟가락을 들판같이 벌린 입 안으로
속풀이 해장국을 한 번에 후루룩 꿀꺽 마셔버리는데
그 사내 얼굴빛 한번 시원하게 붉으레합니다
구겨진 가난도 깡소주의 뒤틀림도 다 사라지고
속터지는 외로움도 잠시 풀리는데
아이구 그 선짓국 한 그릇 참 극락 밥이네
어디서 술로 밤을 지샌 것일까 구석진 자리
울음 꽉 깨무는 한 여자도
마지막 국물을 목을 뒤로 젖힌 채 마시다가
마른 눈물을 다시 한 번 문지르는데
쓰린 가슴에 곪은 사연들이 술술 사라지는데
여자는 빈 해장국 오지그릇을
부처인 듯 두 손 모으고 해장국 수행 끝을
희디흰 미소로 마무리를 하는데……

육개장

신중신

무더운 여름을 어떻게 넘겼냐고 묻는가?
솥에서 슬슬 끓는 육개장,
이열치열의 염천 보양식 있어
구슬땀 쏟는 한낮, 그것으로 근기 지탱해 왔으니
이 얼마나 고마운 일인가.
삶은 쇠고기―깃머리 양지머리 걸랑을 찢어 깔고
숭숭 썰어 놓은 대파 무
살진 고사리 숙주 토란줄기 입맛 따라 넣어
얼큰하게 끓인 육개장.
밀리서 찾아온 손을 맞은 겸상에서 흐뭇하고
막걸리 한 사발과 함께 하는 출출한 저녁참에도
이 한 그릇 있어 사는 재미를 느낀다네.

춥고 긴 겨울을 어찌 날 거냐고 묻는가?
뜨끈하고 불그스레한 국물 위에
고추기름 둥둥 뜨는 육개장 한 그릇,
그거면 이내 콧잔등엔 땀이,
불시에 뱃속이 후끈해지며
허리마저 백두대간처럼 꼿꼿해지지 않던가.
없던 배짱도 두둑이 생겨
한밤중 태백준령도 거뜬히 넘을 것 같으니
한기며 고뿔이 뭔 줄을 모른다네.

북엇국

유자효

설악으로 떠난 친구 찾아가
밤새 술을 마시고
아침에 문을 미니 눈이 쌓여 문은 열리지 않고
방 안에 갇힌 채
친구가 끓여주던 북엇국
"난 북엇국 하난 잘 끓여"
으스대며 벽에 걸어 두었던 북어 한 마리 내려
잘게 뜯어 냄비 물에 넣고 끓인 뒤
파를 숭숭 썰어 넣고는
계란 하나 툭 깨서 넣어
넘치기 직전에 불에서 내려 후후 불며 나눠먹던 북엇국
밤새 마신 술에

울렁이던 속이며
깨질 것 같던 머리도 은근하게 달래주던
설악의 친구가 끓여주던 북엇국
고단한 살림살이
맺힌 울분도
어루만져 풀어주던,
그 한 몸 말리고 말려
뼈까지 발라내져
마침내는 살점 점점이 뜯겨지고 끓여져
우리네 시름 달래주다니
우리네 아픔 만져주다니
그것은 음식이 아니라 약
그것은 음식이 아니라 도道

미역국

이규리

엄마의 맛

엄마가 나를 낳고 미역국 먹을 때
더운 국물 먹고 눈물 같은 땀을 쏟아낼 때
길고 어두웠던 산고가 비로소 씻겨나갔다고

열 달을 품었던 생명 쏟아내고
이 땅, 엄마의 엄마 할머니의 할머니가 먹었던 미역국
텅 빈 자궁을 채우고 생살을 아물게 하는
미역국에서 엄마가 나왔다

외로운 산모들을 치유한 눈물 같은 국이었으니

이상도 하지
미역국 먹으면 분노도 고통도 사라지고
순한 고요가 몸 가득 출렁이지
몸이 곧 마음인 걸 믿게 하는 국이지

마음이 허한 날은 미역국을 끓인다
입 안에 부드럽게 감기는 푸른 바다

미역국을 먹고 엄마가 되었다
엄마를 알았다

떡국

이근배

까치설날이면 우리 동네 삼꽃마을
김 구장댁 마당의 발동기가
숨가쁘게 통통거렸다
집집마다 시루에서 쪄낸 쌀밥을 이고 지고 와서
발동기로 떡가래를 뽑아 가느라 붐볐다
우리 집 박 서방이 한 짐 날라 온
떡가래를 협도로 써는 일은 내 몫이었다
종갓집 맏며느리인 어머니는 밤늦도록
오대五代 봉사 차례상에 올리는
제수 준비를 해놓고는
외동아들 설빔으로 솜바지저고리 조끼까지
손바느질로 끝내느라 꼬박 밤을 밝히셨다

차례를 지내고 어른들께 세배를 드리고
온가족이 둘러앉아 먹는 한 그릇 떡국은
우리네 가장 큰 명절인 설날 아침에만 맛볼 수 있는
축제의식의 아주 맛있는 별미였다
"떡국을 많이 먹으면 죽는단다"
할머니의 우스개 말씀처럼 떡국 한 그릇은 나이 한 살
떡국 먹고 나이 먹고 떡국 먹고 키가 크고
잠자리에 들면서 손꼽아 기다리던
설날은 떡국 먹는 날
먹은 나이 다 내려놓고 돌아갔으면
어머니가 지어주신 새 한복 입고
조상님께 절하던 그 아침으로

어죽

이기와

뼈와 살을 풀어 뭇백성 먹이는
어죽을 앞에 놓고
부끄러워라
쌀 한 톨이 짊어진 무게를 모르는 혀로
어질어 눈물마저 안개빛처럼 뽀얀
살신殺身의 덕을 공으로 받아 넘기려 하니
비속하여라
식욕이 육신을 떠나지 못하고 붙드는
화천강변의 저녁
목숨의 길은 북한강 줄기보다 길게 뻗어
누치 꺽지 배가사리가 산란한
생각의 급류를 지나

산천어가 방황했던 두물머리의 기억까지 휘돌아

맞이하는 뜨거운 숨 한 숟가락

백골이 난망이어라

우거지 부추 버섯 된장 들깨가 깃든 맛 속

어디에도 물고기의 흔적은 없어

오로지 물씬 풍기는 건 세속에서는 먼 저쪽

곡운구곡* 오지의 깊고 푸른 냄새

어디가 끝이런가

만수산 계절이 피고 지듯 물고기의 몸을 받아

다른 무엇의 몸으로 건너가기 위한

뚝배기 한 그릇의 회귀

어죽집 유리창에 붙들린 명자나무는

이전 누구의 장엄한 몸을 요기했기에

저리 붉은 꽃을 저물녘 홍등처럼 밝혀 드는가

* 곡운구곡(谷雲九曲) : 강원도 화천군 사내면의 용담리와
삼일리 등에 걸쳐서 위치한 계곡.

청국장

이승하

할머니가 메주를 뜨는 날은
온 동네에 고약한 냄새가 퍼지는 날이었다
할머니가 간장을 쑤는 날은
온 동네의 개들이 짖어대는 날이었다

그보다 열 배는 더 고약한 냄새
청국장을 보글보글 끓이는 날은
창문 다 열고 선풍기까지 동원하지만
냄새는 옷에도 몸에도 가방에도 배어
우리는 학교에 가서 얼레리 꼴레리
바지에 똥 싼 아이 취급을 받았다

냄새는 고약하지만 맛은 죽여주는 청국장
할머니 손끝은 참으로 요술쟁이여서
이맛살 찌푸리며 한 숟갈 뜨면
미소가 번지면서 숟갈질이 바빠졌다
메주콩을 더운 물에 불렸다 물을 붓고 푹 끓여
말씬하게 익힌 다음 보온만으로 띄운 청국장
콩 사이사이에 볏짚을 넣고 띄우면
똥 색깔 똥 냄새 할머니처럼 퀴퀴한 청국장

할머니 돌아가신 뒤
이 세상에서 제일 맛있는 것이 사라졌다

삼계탕

이은봉

 초등학교를 졸업하며 고향을 떠난 후 평생을 이 도시, 저 도시 떠돌아다니며 살았다

 자취를 하거나 하숙을 하거나…… 먹는 것이 부실해 늘 비실거렸다

 중학교 다닐 때, 고등학교 다닐 때, 개학을 하고 좀 지쳐 있을 때, 집 떠난 지 어느덧 한 달쯤 되었을 때

 주춤주춤 식목일이 왔다 한식일이 왔다 청명일이 왔다 주말에 잇닿은 휴일이 왔다

 비실거리며 고향집 문턱을 들어서면 와락, 밀려들던 삼계탕 냄새,

 어머니는 객지에서 고생하는 장남을 위해 올해 한식일에도 삼계탕을 끓였다

 멋쩍고 미안하고 죄스러워 어머니, 고마워요 낮고, 작고, 조

그맣게 겨우 한 마디 뱉었다

   닭을 잡아 뱃속에 찹쌀, 마늘, 인삼, 대추, 밤, 호박씨 등을 넣고 푹푹 끓인 삼계탕 한 그릇을 먹고 나면,

   온몸이 뜨거웠다 기운이 불끈 났다 더는 세상이 두렵지 않았다

   그런 마음으로 지난 겨울 눈보라를 잘 견디셨는지 어떤지 조상님들 산소 한 바퀴 휙 둘러보았다

   어머니의 사랑이 담뿍 담긴 삼계탕 한 그릇을 먹고 도시로 돌아와도 보이지 않는 각개전투는 여전히 나를 기다리고 있었다

   끊임없이 밀려드는 글자들의 아래에 악착같이 나는 밑줄을 긋고 또 그었다.

김치찌개

장태평

묵은 김치 한 포기 싹둑싹둑
목살 돼지고기 몇 점, 양파 마늘 고추……

보글보글 구수한 냄새
익어가는 레인지 위의 김치찌개

해거름 판 멀리 밭 매고 돌아오던 어머니
땀에 젖은 누우런 머릿수건이
축 늘어진 묵은지 닮았었지

흙냄새 가시지 않은 투박한 손등
부지런히 다시 움직이던 어둑한 부엌
싸악싸악 묵은지 썰던 소리

남은 양념 이것저것 양은냄비에 몰아넣으며
"오늘은 반찬이 없구나~"
애틋한 한숨도 버무려 넣어
바쁘게 끓이던 김치찌개

그 안으로 어머니의 피곤과
땀도 쓸려 들어갔었다

허기 속에 기다리던 저녁 밥상
한가운데 구수한 김이 산같이
뭉게구름으로 피어오르던 그 김치찌개

맛이 다 간 신 김치가 싹둑싹둑
산해진미로 변신했던 요술찌개

이제도 아른거리는 정겨운 어머님 냄새
오늘 식탁 위에 그윽하게 번져오를
엄니김치찌개

설렁탕

정진규

　선농탕이라는 말이 어원이라는데 임금님이 봄이 와서 첫 쟁기질을 해 보이시는 날 구름처럼 모여들던 백성들에게 끓여 주던 고깃국, 그게 先農湯이라는데 그 말씀엔 오랜 시간이 묻어 있다 그 말씀 소리 나는 대로 불리운 설렁탕이라는 말씀에 더 정이 간다 더 맛이 있다 몸이 있는 말이다 우리 음식의 이름들에는 몸이 있다 半百年 里門 설렁탕집에서 소주 한 잔 곁들여 소금 넣고 숭숭 썬 파 넣고 깍두기 넣고 깍두기 국물도 넣고 오늘도 놋숟갈을 꽂았다 100년 설렁탕집엔 오늘도 老果의 입맛들이 가득하다 간, 마나, 우설 등이 섞인 수육 한 접시를 게눈 감추듯 했다 소주 한 잔 쭈욱 비웠다 비도 추적거리고 근처 인사동 헌책방 通文館에서 어렵게 구한 조지훈 첫 시집 『풀잎 斷章』 초간본을 옆에 놓고 설렁탕을 먹는다 조지훈

선생님을 생각한다 이 집엘 선생님 생전 처음 함께 왔었다 정말 맛있게 잡수셨다 특히 훌훌 국물을 바닥까지 비우시던 선생님의 모습을 잊을 수 없다 운수 좋은 날 빙허 현진건의 인력거꾼 같으셨다 이 집엘 오면 너나없이 서민이 된다 한 백성이다 우리나라 음식엔 배고픔과 풍요가 모두 함께 있다 서민과 귀족이 함께 있다 임금님도 그 봄날 밭갈이 하시고서 설렁탕 한 뚝배기를 맛있게 비우셨다

된장찌개

최동호

　경주 선도산*에 지신 밟으러 가서 나무들에 싹도 채 피어나기 전
　갓 나온 곰취 여린 잎을 된장에 싸서 먹으니
　싱싱한 풋냄새 입 안 가득 넘쳐 푸른 봄날이 바다처럼 밀려왔다.

　아낙네가 된장찌개 끓여 놓고 기다리던 따뜻한 아랫목도
　길고 추운 겨울 보내고 입안에 씹히는
　곰취 잎에서 번져 오는 풋풋한 봄기운만은
　못한 게 아닌가 하는 생각이 들었다.

　옛날 영양* 어느 시골 장터의 소란하고 허름한 밥집에서

우연히 만난 된장찌개는 영 잊히지 않는 한국의 맛,
산해진미가 아니라 된장찌개에서 힘을 얻고 정을 나누고
들로 밭으로 일하러 나가던 옛 사람들이
두런거리던 말소리가 밭두렁에서 더운 김을 솟아오르게 하고 있다.

황토방이나 흙벽담에서 전해 오는 푸근한 냄새는
된장찌개 먹고 살던 사람들의 토속의 향기가 배어 있는
기나긴 삶의 이야기, 한국 사람을 제대로 알리고 한다면
된장을 나누고 찌개를 끓이고 기쁨과 설움이
환하게 차려진 밥상을 함께 해야 봄기운 확 퍼지는 맛을 누리게 되리라.

* 선도산 : 경주 서쪽에 있는 산 이름, 남산을 바라보고 있음.
* 영양 : 경상북도 영양.

신선로

최문자

무오사화 그 무서운 죽음의 그늘에서
정승 정희량은 숲 속으로 들어가 은거하면서
방짜 놋쇠 화로에 숯불을 지폈다네
사립문 열고 나가 채소를 뜯고
이 집 저 집에서 얻은 먹다 남은 음식 모아 끓이니
입이 즐거운 음식
신선처럼 욕심 없이 먹는 맛
탕평책의 그 맛이었다네

사화가 끝나고
대궐로 돌아온 정희량은 그때 그 맛을 잊지 못해
잔치에 신선로를 청했다네

고기전 해삼 전복 은행 천엽 홍합 붕어—
숯불에 끓여도 그 맛이 아니라네
찌그러진 방짜 유기 안에 끓던 그 맛이 아니라네
신선처럼 먹던 그 맛도 아니라네

콩나물국

한분순

낙천의 꽃송이들 봉긋 부풀어
서로 기대 곁을 내주며

젖살 오른 안개처럼 흐드러진 잔가지
아양이 명랑하다

가닥가닥 감싸쥐고
여린 것이 거쳐 온
생채기를 다듬는다.

수다스러운 물소리, 노닥대는 콩나물들
내 손등에 장난 걸 듯 간지럽히다가
바가지 안 다소곳이 머무는 노란 꽃물.

솥에서 바지런히 달그락거리며
녹녹한 서정이 익는다

콧등 언저리 일렁이는 나긋함, 하루치 삶에 메슥하던 속이
입맛을 다신다

대접 가득히 달궈진 위로
얼른 한 모금 떠먹어 넛두리를 가라앉힌다
내 입술에 닿은 뜨거운 시詩.

도다리 쑥국

허영자

우리들 마음 속에
저 무채색의 겨울이
아직도 도사리고 있거든
바닷길 푸르게 열리는
남쪽 어느 포구 마을을 찾아가자

사량도 맑은 바람 속에 자란
쑥 한 소쿠리
욕지도 깊은 바다에서 건져올린
펄펄 뛰는 도다리로
도다리 쑥국을 한 솥 끓이자

쑥은 민초들 구황의 푸성귀
곰이 변신하여
여자가 되고 어머니가 되는
마법의 약초*

도다리 쑥국 한 그릇이면
밥상 위에는 이른 봄이

아지랑이로 피어오르고

우리 마음 속
사나운 북풍은 숨을 죽이리

도다리 쑥국 한 그릇이면
목마름도 배고픔도
문득 가시고
우리 마음 속
꽝꽝한 얼음은 녹아내리리.

*단군 어머니 웅녀 이야기.

3

창 밖은 흰 눈 펑펑 내리고
보쌈김치 씹으면
한겨울 어둠에 이빨자국이 나네
세상 끝 양귀비 꽃밭 무너지는 소리 나네
……
사나가도 푸릇푸릇
혀끝에 피가 도네
—서안나, 「보쌈김치」 중에서

막걸리

김왕노

잡수시오, 잡수시오
이 술 한 잔 잡수시오
이 술은 술이 아니라
우리 모친 눈물일세
우리 모친 땀이로세
권주가 권주가를 부르면서
술지게미 먹고서
진달래 같은 어린 얼굴로
춘궁기 고개 넘어가듯
고부로 삼남으로
마음 죽창으로 깎아들고
육자배기 부르며

고개 넘어 넘어서 가자
어깨 들썩이면서 가자
허기지면 권주가로
막걸리잔 나누면
태평성대가 뭐 부러우랴
낙화유수가 뭐 대수이랴
용수 박아 고운 술 떠내고
천한 듯 막걸러낸 술이지만
어디 막걸리가 막걸리냐
잔 가득 철철 넘치는 정이지
그믐의 가슴 환히 밝히는
사랑의 묘약 중 묘약이지

구절판

김유선

당신이 오신다는 전갈에
마음이 먼저 오색 꽃밭입니다
음양을 맞추고 오미를 갖추어
가장 귀하고 어여쁜 것만 골라
열은 꽉 차니 피하고 과불급이라
행운의 아홉수로 당신을 모십니다
구차한 이야길랑 모란꽃 수놓은 자개로 덮사오니
속살 같은 밀전병 위에 오방색 구름만 얹으셔요
구구하고 절절한 화심花心을 보름달로 쌈 싸드릴게요.

『대지』의 소설가 펄벅 여사가 구절판 나전칠기 뚜껑에 놀라고 열어보고 또 넋을 놓았다지요 망가진다고 젓가락 들지 못

했다지요 창경궁 옆에 살던 이모는 몸매도 봄볕 같았지만 음식 솜씨 역시나 메구여서 버릴 것 없는 여자라고 했는데 몸 약한 이모부가 혈색 좋은 국악원 선생인 친구를 부르는 날이면 두 볼 바알개져서는 밤새워 자로 잰 듯 채치고 볶는 참기름 냄새로 달빛 언저리를 밤 이슥토록 매끌댔어요 피리 선생 젓가락 들지 못하고 피리만 불었어요 보일 듯 말 듯했던 화심에 이모가 꽃뚜껑을 덮는 밤이었어요.

총각김치

김종철

손가락 굵기만 한 어린 무에
무청 달린 채로 담근
상투 짤 총悤, 뿔 각角 총각김치
무청 우거지를 덮고 웃소금 뿌려 익힌
김칫독도 독이든가
작다고 얕보다 큰코다친다더라
손으로 집으면 별것 아니지만
입 속 넣으면 금세 부풀어
아삭아삭 풀 먹인 홑청
설왕설래 군침 찰찰 고이는데
맛들인 여인네는 금세 알리라

낮이나 밤이나 김치세상
어디 처녀김치는 없소
저만치 돌아앉은 홀아비김치만
식은 밥에 얹혀 있구나

배추김치

김후란

겨울로 들어서는 길목에서
순결한 피부
때깔 좋은 배추는 향기로웠다

소금으로 숨죽여 부드러운 속살에
무채 파 마늘 갓 미나리
곰삭은 젓갈 톡 쏘는 고춧가루
내 고장 사투리 섞어 알싸하게 버무려서
켜켜이 입혀 항아리에 담는다

김장김치 포기김치 보쌈김치 백김치
아삭아삭 맛있게 익으면

어릴 적 어머니 치맛자락 잡고 걷듯
고국을 떠나 살아도 그 손 놓을 수 없어라

어머니 내 어머니 정겨운 손맛
진수성찬에도 당당히 끼어 있는
상큼하게 씹히는 맛깔스런 배추김치
정녕 우리 민족 대표 음식

오이장아찌

노향림

남도의 인심은 후해서 남정네들은 저녁이면
싸리나무 낮은 울타리 너머로 이웃들을 불러 모은다.
"어이, 막걸리나 한 잔 함세"
"여보, 장아찌 후딱 내와요 잉"
사내가 말하면 아내는 잽싸게 뒤란 장독대로 달려간다.
꺼낸 오이장아찌를 잘 씻어 정구지에서
박자 맞추듯 도마에 써는 소리 정겹다.
막사발과 막걸리 주전자를 반상에 함께 올려
대청마루로 내가면 동네 남정네들은
어느덧 자리에 정좌해 기다리고 있다.
따뜻한 남도의 유별난 기후가 실한 오이를 잘 자라게 해
집집의 장독대엔 큰 오이장아찌 장독이 따로 놓여 있다.

오이 거둬들이는 일은 김장만큼이나 큰 일 년 농사,
그것들은 절반으로 쪼개어져 소금에 알맞게 절인 뒤
소쿠리에 담아 장독대 위에 놓고 볕에 잘 말린 뒤
술 담그고 남은 술지게미를 넣은 항아리에
하나하나 박아 넣는다. 남은 오이들은
고추장에 깊숙이 박았다가 꺼내 먹는 맛 맵싸하다.
맵짠 아낙들의 손맛이 빚어내는 남도의 장아찌
아삭아삭 씹는 소리마저 청량해라.

시래기

도종환

저것은 맨 처음 어둔 땅을 뚫고 나온 잎들이다
아직 씨앗인 몸을 푸른 싹으로 바꾼 것도 저들이고
가장 바깥에 서서 흙먼지 폭우를 견디며
몸을 열 배 스무 배로 키운 것도 저들이다
더 깨끗하고 고운 잎을 만들고 지키기 위해
가장 오래 세찬 바람 맞으며 하루하루 낡아간 것도
저들이고 마침내 사람들이 고갱이만을 택하고 난 뒤
제일 먼저 버림받은 것도 저들이다
그나마 오래오래 푸르른 날들을 지켜온 저들을
기억하는 손에 의해 거두어져 겨울을 나다가
사람들의 까다로운 입맛도 바닥나고 취향도 곤궁해졌을 때

잠시 옛날을 기억하게 할 짧은 허기를 메꾸기 위해
서리에 젖고 눈 맞아가며 견디고 있는 마지막 저 헌신

보쌈김치

서안나

푸들거리는 허리 긴 개성배추
굵은 소금으로 간하면
색을 빼고 힘을 빼

겨울 풍경 받아들이네

고기 삶는 냄새

따스한 흉터처럼 흘러다니는 밤

매운 고춧가루 양념에

굴이며 대추와 잣 호두

뜨거운 삶은 고기 썰어 얹으면

보쌈김치 맵게 먹어

입술 붉은 아이들 살 오르는 소리

창 밖은 흰 눈 펑펑 내리고

보쌈김치 씹으면

한겨울 어둠에 이빨자국이 나네

세상 끝 양귀비 꽃밭 무너지는 소리 나네

보쌈김치 먹는 밤엔

애벌레처럼 순해지고 싶었네

자다가도 푸릇푸릇

혀끝에 피가 도네

고들빼기

서정춘

먹어 보면 안다
어째서 궁중 진상품이었는지 먹어 보면 안다
놋숟가락으로 떠 올린 뜨신 햅쌀밥에
옻칠 젓가락이나 대나무 젓가락으로
고들빼기김치를 얹어서 먹어 보면 안다
이 맛을 쓰다고 해야 하나
떫다고 해야 하나
먹어 보면 안다
젓국에 젖어 우러난 쓴맛이냐
쓴맛을 다스리는 다진 마늘, 생강 맛이냐
이 맛 저 맛 다스리는 매콤 달콤 신맛이냐

형용사가 풍부한 한국어로도 표현할 수 없는 아날로그 맛이냐
　먹어 보면 안다
　한 번도 두 번도 여러 번도
　입 안으로 온몸이 들어와 자지러지는
　이 맛의 극치!!
　아니다,
　끝으로 맛볼 것은
　이빨 사이에 끼었다가 씹히는
　금싸라기 같은 참깨 맛!!

고추장

오정국

세상살이 떫고 쓴맛을 단번에 돌려 세운다
눈물이 핑 돌만큼 얼얼한 헛바닥이다

이토록 진땀나는
땡볕처럼 타오르는
붉은 맛이 또 어디 있으랴

잡티 한 점 섞이지 않은
태양빛 알갱이들, 저의 빛깔대로
우리네 혈관을 틔워서

한국인의 매운 맛을 단단히 보여준다

탐스러운 빛깔들이
가을볕 고랑을 수놓아도
아서라, 고추밭에서 함부로 손 내밀지 말아라

불끈 솟는 힘을 감당치 못하리니
아릿한 단맛을 잊지 못하리니

빻아지고 버무려지고 비벼지더니
온 식탁의 입맛을 후끈하게 달구는
찰고추장, 이보다
깊고 맵고 진득한 입맛이 또 어디 있으랴

한과

윤성택

추억 길섶에 스르르 별처럼 묻어온다

희미하게 속으로 당겨지는 형태가

와삭, 껴올 때에는 누구도 말을 잇지 않는다

모든 잔치가 그러하듯 마음이 고여

달게 멈춘다, 그리운 사람은 과일처럼 풀처럼

과菓로 겹쳐져 맛으로 기억되는 법

웃음이 제 소리를 품고 여기에 뭉쳐 있다

천천히 아주 오랫동안 생활이 여기를

다녀간 뒤, 행복이 하얗게 달라붙는다

동치미

윤후명

예전에는 무가 아니라 무우라 했으니
늦가을이면 무 아닌 무우를 독에 쟁인다
정갈히 물 붓고
마늘 생강 파에 배도 넣는다
살얼음을 덮고 익으며
자수정빛 갓물 보일까말까 우러나는 동치미
오래 잊었던 모습 되살아나는 듯
하늘가에 떠오르는 얼굴 누구라고 말 못할 얼굴
무우, 무우우, 저녁소처럼 울고 있는 모습
동치미는 어머니의 눈물처럼
마지막 떠나간 발자국에 괸 빗물을 담고 익는다

헤어짐이 맑아질 때까지 겨울하늘보다 맑아질 때까지

생生이 슬픔을 불러앉혀 타이르듯

멀리 있는 나를 부른다

수정과

이길원

동지바람에 문풍지 울던 날
부엌 어디 깊숙이 감추어 두었던
옅은 얼음 몇 조각 둥둥 뜬 수정과.
칭얼대는 내게 건네던
할머니 손맛.

세계를 누빈다는 코카콜라
감히 넘보지 마라.

이 땅에 지천인 생강 계피
끓였을 뿐이다
여기에
바람 탄 노을이 켜켜이 물든
추녀 끝 곶감 한 조각
별빛으로 속살 익힌 잣 몇 개
단순한 조리 오묘한 맛

베르사유 궁정 요리사인들
별빛 담긴 이 향을 알기나 할까
바이킹 후예도
서부 달리던 포장마차 후예도
노을 묻은 이 맛은……

―여보, 이번 설엔 수정과 좀 담급시다.

잡채

이상호

다 큰 아들 짝지어 보내던 날

모처럼 부모님도 오시고 정다이 한솥밥 먹던 아우들도 오시고
　먼 사돈의 팔촌까지 다 모인 듯 마냥 북적거리던 잔칫날

당면이 뻣뻣하던 몸에 힘을 빼고 더없는 부드러움으로
　당근과 시금치며 눈에 보이지도 않는 양념과도 잘 어울려
　당연히 잔칫상에 올라 입맛을 돋우어주던 잡채

꽃들이 손에 손잡고 영차영차 돌아오는 이 봄날
　송홧가루처럼 하염없이 흩날리는 저 수상한 사람들도

잡채를 좋아하기는 할까 몰라, 아니
당면 문제는 그게 아닐지도 모르지

잘 볶이고 섞인 잡채처럼
너도 아니고 나도 아닌
네 것도 내 것도 아닌
우리들의 어울 한마당
알기는 알는지 몰라!

깍두기

이수익

국밥과 설렁탕엔
마땅히 있어야 할 그것이 있지
그래, 깍두기
숟가락 한 입 가득 밀어 넣고는
다음 순간을 기다리는 뜨거운 기대 속에 붉게 물든
깍두기, 그 황홀한 입맛 생각나네
와싹,
깨물면 통통거리는 기쁨이 입 안에 가득 퍼져
나는 할 말을 잃고 거듭 실수하네, 이미 절정에 다다른
그 맛 때문에—
그래서일까, 1960년대 미국으로 건너가서 노래 부르던 김 시스터즈도

〈아침저녁 식사 때면 런치에다 비후스텍 맛 좋다고 자랑쳐도
우리나라 배추김치 깍두기만 못 하더라〉*고 말하면서
깍두기에 대한 찬가를 널리
세상에 퍼뜨렸다네
깍두기,
누구든지 쉽게 만들 수가 있지만
그러나 누구든지 쉽게 만들 수 없는, 토속적 끼가 박힌
그 맛 때문에
나는 연서戀書를 쓰듯 달콤하게 속삭인다네, 최고로 맛있는
차가운 별미에 대하여!

* 김시스터즈의 노래 〈김치 깍두기〉 가사 일부.

김자반

이어령

김을 모르고 서양 사람들은
카본 페이퍼라 한다
모르시는 말씀. 그건 초록색 바다 밑
몰래 흑진주를 키운 어둠이라네

파도가 가라앉아 한 켜 한 켜 쌓여서
만들어낸 바다의 나이테를 아는가

어느 날 어머니가 김 한 장 한 장
양념간장을 발라 미각의 켜를 만들 때
하얀 손길을 따라 빛과 바람이 칠해진다네

내 잠자리의 이불을 개키시듯
내 헌 옷을 빨아 너시듯
장독대의 햇빛에 한 열흘 말리면
김 속으로 태양과 바닷물이 들어와 간을 맞춘다.

김자반을 씹으면 내 이빨 사이로
여러 켜의 김들이 반응하는 맛의 지층
네모난 하늘과 바다가 찢기는 맛의 평면

이제는 손이 많이 간다고 누구도 만들지 않는
어머니 음식이라네

빈 장독대 앞에서 눈을 감으면
산간 뜰인데도 파도소리가 나고
채반만큼 둥근 태양의 네모난 광채
고향 들판이 덩달아 익어간다네

미나리강회

이인원

비등점에 도달하기 직전의 고요한 물 같은
맑고 투명한 삼월의 햇볕

살짝 데쳐낸 새파란 미나리 줄기,
한결 나긋나긋해진 줄자 돌돌 감아가며 재보는
연두에서 초록까지의 보폭

연두가 금시 초록을 따라잡았다가
초록이 잠시 연두를 따돌리다가
하프 소리보다 경쾌한 걸음걸이로 다가오는

봄 · 봄 · 봄

여기 섬섬옥수
정갈하게 옮겨 담은 한 접시 향긋함 앞에서
그만 귓바퀴부터 아삭아삭 연해지더니
오소소 솜털 드러난 가늘고 긴 목덜미로
실크스카프처럼 와 감기는 새콤달콤 초고추장맛 봄바람

얼음장 아래 삼동을 기다리게 해놓고선
따뜻한 한 모금 청주 넘기듯
보드랍고 순하게 지워지는
겨울과 봄 사이의 경계

산나물

이화은

　시집 온 새댁이 산나물 이름 서른 가지 모르면 그 집 식구들 굶어 죽는다는데

　—가죽나무 엄나무 두릅나무 오가피 참나물 참취 곰취 미역취 개미취 머위 고사리 고비 돌나물 우산나물 쇠뜨기 쇠무릎 원추리 방아풀 메꽃 모싯대 비비추 얼레지 홀아비꽃대 노루오줌 환삼덩굴 마타리 상사화 꿩의다리 윤판나물 자리공

　촌수 먼 친척 같기도 하고 한 동네 동무 같기도 한 귀에 익은 듯 낯선 이름들
　가난한 가장의 착한 반려자처럼 덩그러니 밥 한 그릇
　고기반찬 없는 적막한 밥상을 사철 지켜 주던,

　생으로 쌈 싸먹고 무쳐 먹고 국 끓여 먹고
　말렸다가 나물 귀한 겨울철 묵나물로 먹기도 하지만
　그 성질 마냥 착하고 순하기만 한 것은 아니어서

홀로 견뎌낸 산 속 소태 같은 세월
어르고 달래어 그 외로움의 어혈을 풀어 주어야 한다
독을 다스려 약으로 만드는 법을 이 땅의 아낙들은 모두 알고 있으니
간나물 한 접시보다 산나물 한 젓가락이 보약이다
조선간장 파 마늘 다져 넣고 들기름 몇 방울 치면 그만이다
먹고 사는 모든 일에 음양의 조화가 있듯
음지에서 자란 나물과 양지 나물을 함께 섞어 먹는 일
남과 여가 한 이불 덮고 자는 일과 다르지 않으니
이 모든 이치가 또한 손 안에 있다
손맛이다
여자의 맛이며 아내의 맛이며 어머니의 맛이다
삼라만상의 쌉싸름 깊은 맛이 모두 여기에 있다

개두릅나물

장석남

개두릅나물을 데쳐서
활짝 뛰쳐나온 연둣빛을
서너 해 묵은 된장에 적셔 먹노라니
새 장가를 들어서
새 먹기와집 바깥채를
세내어 얻어 들어가
삐걱이는 문소리나 조심하며
사는 듯하여라
앞 산 모아 숨쉬며
사는 듯하여라

상추쌈

홍성란

일 놓은 서울 셋방 예순아홉 아버지는
산골 초막에서 황혼을 보내셨죠
이레 해 가난한 텃밭 푸성귀를 기르셨죠

펌프가 있는 마당가 고추 부추도 심고
바쁜 딸 오면 어머니와 열무김치도 담그고
상추도 어린 고추도 한 바구니씩 따 주셨죠

"이것 좀 먹어봐" 평상에 둘러 앉아
강된장에 고기 한 점 밥 한 술에 풋고추 한 입
두 볼이 미어지도록 상추쌈을 싸주셨죠

달보드레 감치는 아버지 그 상추쌈은

이제 어디 가도 먹을 수 없지만요

마지막 상추 따던 웃음소리 환히 남아 있어요

4

벌겋게 깻잎에 받쳐 올라온 어리굴젓
밥상 앞 고이는 침을 삼키며 젓가락을 들 때
고인 침과 함께 길게 빼문 혀 위에 얹히는 어리굴젓
―박주택, 「어리굴젓」 중에서

삼합

곽효환

    휴일 오후, 초등학생 아들 녀석이 뜬금없이 삼합이 먹고 싶단다
    몇 해 전 진외갓집 할머니 팔순 상에서 처음 봤을 삼합을
    아무렇지도 않게 입 안 가득 넣고 우걱이던 낯익은 식욕

    유년 시절 아버지를 따라나서면
    으레 들르던 지방도시 변두리 허름한 대폿집
    낡은 탁자 위에 놓은 삼합과 찌그러진 탁배기 주전자
        요걸 먹을 줄 알아야 여그 사람인 것이여
       잔치에 이것이 없음 잔치가 아니제
    삭은 홍어의 톡 쏘는 암모니아향 입 안에 가득 차
    얼굴이 빨갛게 달아오르고 눈가에 그렁그렁 눈물 고이면

아야, 매운 기운을 코로 뿜어내야제
눈가를 쓸어주던 굵은 손마디
그립지만 아득하기만 한 탁주에 젖은 낮고 탁한 목소리

조금 이른 저녁시간
술손의 발길은 아직 이른 시장골목 남도식당
군내 도는 묵은 김치 잎사귀를 펴고
기름과 살이 섞인 삶은 돼지고기에 새우젓을 얹고
알싸하니 삭은 홍어를 올려놓고
예전에 아버지가 그랬듯이
막걸리 잔을 약지손가락으로 휘휘 저으며
아이와 나와 아이는 한 번도 본 적 없는 아버지가
둘러앉은 삼자의 합을 곰곰이 생각한다
혀에서 혀로 전해진 보이지 않는 유전자를 물끄러미 쳐다
본다

도다리회

김광규

일찍부터 우리는 믿어왔다
우리가 하느님과 비슷하거나
하느님이 우리를 닮았으리라고

말하고 싶은 입과 가리고 싶은 성기의
왼쪽과 오른쪽 또는 오른쪽과 왼쪽에
눈과 귀와 팔과 다리를 하나씩 나누어 가진
우리는 언제나 왼쪽과 오른쪽을 견주어
저울과 바퀴를 만들고 벽을 쌓았다

나누지 않고는 견딜 수 없어
자유롭게 널려진 산과 들과 바다를

오른쪽과 왼쪽으로 나누고

우리의 몸과 똑같은 모양으로
인형과 훈장과 무기를 만들고
우리의 머리를 흉내내어
교회와 관청과 학교를 세웠다
마침내는 소리와 빛과 별까지도
왼쪽과 오른쪽으로 나누고

이제는 우리의 머리와 몸을 나누는 수밖에 없어
생선회를 안주삼아 술을 마신다
우리의 모습이 너무나 낯설어
온몸을 푸들푸들 떨고 있는
도다리의 몸뚱이를 산 채로 뜯어먹으며
묘하게도 두 눈이 오른쪽에 몰려 붙었다고 웃지만

아직도 우리는 모르고 있다
오른쪽과 왼쪽 또는 왼쪽과 오른쪽으로

결코 나눌 수 없는

도다리가 도대체 무엇을 닮았는지를

돼지갈비

김병호

해저물녘 버스 정류장
예닐곱 발짝쯤에서 멈춘 구두 앞에서
느닷없이 터져버린 울음이 멈추지 않았다

아버지는 차가운 손목을 잡고서
연탄 화덕의 돼지갈비집으로 들어가셨다
간유리 너머로 희끗희끗 내리기 시작한 눈

간신히 버틴 허기처럼 지글지글 타들어가는 저녁
어금니로 씹어 혀끝으로 녹여먹는 갈비살처럼
불화不和는 금세 달짝지근해졌다

좀처럼 메워지지 않는 눈발과 발자국의 틈새
아버지의 옆구리에 매달려 단둘이 누운 길가방
애돼지처럼 베갯머리까지 좇아온 다디단 허기

어머니는 사흘이 지나서야 돌아오셨다

꼬막조개

김용택

동네 사람들은
재첩을 꼬막조개라고 불렀다.
커다란 바위 뒤 물 속
잔 자갈들 속에서 살았다.
아이들 엄지손톱만 한 것부터
아버지 엄지손톱만 한 것까지 있었다.

어쩌다가 다슬기 속에 꼬막조개가 있으면
건져 마당에다가 던져 버렸다.
꼬막조개가 있으면 다슬기 국물이 파랗지 않고
뽀얀했다.

강에 큰물이 불면
꼬막조개 껍질이
둥둥 떠내려갔다.

어느 해부턴가
꼬막조개가 앞강에서 사라졌다.
어른이 되어 하동에 갔더니
온통 재첩국 집이었다.
나는 재첩이 무엇인지 그때 알았다.

우리 동네에서 사라진
꼬막조개가 하동에서
재첩이 되어 있었다.
시원하고 맛있었다.

멸치볶음

김형영

중학생 시절 내 도시락에는
김치나 계란말이 대신
보리밥에 멸치뿐이었지.
겨울이면 교실 난로 위엔 도시락이 쌓였지.
교실은 김치 익는 냄새가 진동했지.

나는 도시락을 난로 위에 안 올렸지.
보리밥이 누룽지 되는 것도 싫고
난로 위에서 익은 김치는 더 싫어서
그냥 뜨거운 보리차에 찬밥을 말아
볶은 멸치 씹는 맛으로 먹었지.

살짝 볶은 작은 멸치에 송송 썬 고추와
마늘, 생강, 간장, 물엿 등을 넣고
참기름에 한 번 더 볶은 다음
그 위에 깨를 뿌린 멸치볶음,
씹을수록 우러나는 고소한 맛이라니!

요리하기 쉽고 영양가도 높아
수십 년 내 약골의 몸을 지탱해 준
우리집의 단골 밑반찬 멸치볶음,
이제는 내 술 안주상까지 차지한 걸 보면
멸치는 전생에 내 술친구 아니었을까.

장조림

나태주

언감생심 어린 시절엔
가까이할 수 없었다
아예 그런 음식이
있는 줄조차 알지 못했다

나이 들어 조금씩 가까워졌다
어쩌면 남의 집 밥상이나
한정식 식단머리에서
처음 만났을지도 모르는 일

도시락 반찬으로 제격이었다
밥맛이 없을 때

두어 덩이만 가져도
밥사발 한 그릇이 뚝딱 가벼웠다

입 안에 넣고 씹으면
남의 살이지만 오돌오돌 고소한 맛
돼지에게 소에게 미안한 일이다만
짤깃짤깃한 육질의 감촉

어차피 우리네 목숨은
다른 생명의 희생 위에 서는
허무한 사탑이 아니던가!
힘내어 좋은 일 하며 살아야겠다.

과메기

문인수

겨울 한철 반쯤 말린 꽁치를 아시는지.
덕장 해풍 아래, 그 등 푸른 파도소리 위에
밤/낮 없이 빽빽하게 널어놓고
얼렸다 풀렸다 얼렸다 풀렸다 한 것이니 그래,
익힌 것도 날것도 아니지. 다만
고단백의 참 찰진 맛에
아무래도 먼 봄 비린내가 살짝 비치나니.

저 해와 달의 요리, 이것이 과메기다. 친구여,
또 한 잔!
이 우정 또한 천혜의 사철 술안주라지.

육회

문현미

오직 있는 그대로
오직 날것의 숨결로

우리들 오래된 밥상을 위하여
아낌없이 내놓은 묵묵한 야생이여

선홍빛 살점과 하얀 과육이
둥근 접시의 고요를 배경으로

섞이지 않으면서 서로 어우러지는
빗살무늬로 얇게 채 썰어 하나가 되는

아무런 꾸밈이 필요 없다

손맛이 매운 섬세한 손끝에서
다만 벼린 칼날의 정직한 반복으로
빚어지는 서늘한 황홀의 예술

육회를 먹으며 유케―유케― 소리를 내면
입안 가득히 유―쾌―한 맛이 번져 나가고

온몸에 눈부신 물이 쑥쑥 들어
미각의 보름달이 차오른다, 두―둥실!

순대

박종국

오늘도 그냥 지나치지 못했습니다.
옛날 순대집,
나도 모르게 걸음을 멈추게 하는 시장기 속에는
씻겨지지 않는 죄의식이 고개를 들기 때문입니다.
한 점 순대를 씹을 때마다
꺾어 세운 무릎 가슴팍으로 끌어안고
희미한 등잔불만이 어머니 그림자를 밝히는
영안실에서 아직 철부지인 내게 건네준
순대, 소금에 찍어 참도 맛있게 먹고는
어머니를 목놓아 부를 때처럼
참으로 못났다는 생각이 무엇에 찔린 듯
선지같이 진한 피를 흘리기 때문입니다.

허리가 접힐 만큼 시장기를 느낄 때마다
가슴 깊은 곳을 가난한 음식으로
가만가만 쓸어주는 슬픔이 고마운 까닭입니다.
마지막 순간까지 무엇을 말하려 하는지
어머니 만족한 웃음이 녹아 있는 까닭입니다
소금 하나만 있으면 배부르게 먹을 수 있는

어리굴젓

박주택

간월도 바닷물이 섬을 이었다 끊었다 하는 동안
굴은 굴대로 자신의 목숨을 안으로 삭혀 향을 품었을 것인데
바위도 간월암 추녀 끝을 지나는 구름에 몸을 내주며
일생을 써내려갔을 것인데

서산시 부석면 간월도, 부석사 지나 간월도
그곳에는 갈매기가 내려앉아 마치 바다를 양 날개로 떠미는 것 같고
생이란 생을 가볍게 떠미는 것 같고
햇볕으로 구름으로 풍랑으로 달빛에 절여
굴은 싱싱하도록 녹진거리기도 하는데

벌겋게 깻잎에 받쳐 올라온 어리굴젓
밥상 앞 고이는 침을 삼키며 젓가락을 들 때
고인 침과 함께 길게 빼문 혀 위에 얹히는 어리굴젓
하얀 쌀밥에 섞어 우물거리며 문득 밖을 바라보는 순간

삭힌 것들이 주는 시큼하고도 달달한 것은
한사코 갯마을 노인들을 닮아 있다
소설 몇 권을 녹인 주름을 닮아 있다

북어찜

박희진

심신 관리를 제대로 못해
몸이 쇠약해진다는 것은 슬픈 일이다.
더구나 나는 걷기를 남달리 좋아하였건만
요즘은 겨우 집안에서도 지팡이 짚고
느릿느릿 거북이걸음이 고작이니……

살맛이 안 난다. 입이 써서 밥맛도 없다.
돌아가신 어머니 생각이 절로 나네.
학교가 끝나 집으로 돌아오면
손수 쪄주신 통감자 한 개, 옥수수 두 개라도
걸신이 들린 듯 순식간에 먹었거늘.

하늘나라에서 늙은 홀아들 꼴 못 보겠다며
홀연 어머니 내 앞에 오신다면
무슨 반찬 해주실까? 무나물, 계란부침,
그런 슴슴한 것들도 좋겠지만, 혹 장산적,
또는 북어찜이라도 해주지 않으실까?

장산적은 손이 가는 고급 반찬이고
그렇다 북어찜, 아들 입맛 돋우는 데엔
오히려 그게 더 좋을지 몰라.
좀 짭쪼름하기는 해도 어머니 손맛에
먹으면 침이 돌고, 정신이 번쩍 나는.

꼬막

송수권

벌교 참꼬막 집에 갔어요
꼬막 정식을 시켰지요
꼬막회, 꼬막탕, 꼬막구이, 꼬막전
그리고 삶은 꼬막 한 접시가 올라왔어요.
남도 시인, 손톱으로 잘도 까먹는데
저는 젓가락으로 공깃돌놀이하듯 굴리고만 있었지요.
제삿날 밤 괴* 꼬막 보듯 하는군! 퉁을 맞았지요.
손톱이 없으면 밥 퍼먹는 숟가락 몽댕이를
참꼬막 똥구멍으로 밀어 넣어 확 비틀래요.
그래서 저도 확, 비틀었지요
온 얼굴에 뻘물이 튀더라구요.
그쪽 말로 그 맛 한번 숭악*하더라고요.

비열한 생각까지 들었어요.
그런데도 남도 시인 이 맛을 두고 그늘이
있다나 어쩐다나.
그래서 그늘 있는 맛, 그늘 있는 소리, 그늘
있는 삶, 그늘 있는 사람.
그게 진짜 곰삭은 삶이래요.
현대시란 책상물림으로 퍼즐게임 하는 거 아니래요
그건 고양이가 제삿날 밤 참꼬막을 깔 줄 모르니
앞발로 어르며 공깃돌놀이하는 거래요.
시詩도 그늘이 있는 시詩를 쓰라고 또 퉁을 맞았지요.

*괴 : 고양이   *숭악한 맛 : 깊은 맛

삼겹살

원구식

오늘밤도 혁명이 불가능하기에
우리는 삼삼오오 모여 삼겹살을 뒤집는다.
돼지기름이 튀고, 김치가 익어가고
소주가 한 순배 돌면
불콰한 얼굴들이 돼지처럼 울분을 토한다.

삼겹살의 맛은 희한하게도 뒤집는 데 있다.
정반합이 삼겹으로 쌓인 모순의 고기를
젓가락으로 뒤집는 순간
쾌락은 어느새 머리로 가 사상이 되고
열정은 가슴으로 가 젖이 되며
비애는 배로 가 울분이 되는 것이다.

그러니까, 삼겹살을 뒤집는다는 것은
세상을 뒤집는다는 것이다.
정지된 것은 아무것도 없다.
너무나 많은 양의
이물질을 흡수한 이 고기는 불의 변형이다!

경고하건대 부디 조심하여라.
혁명의 속살과도 같은 이 고기를 뒤집는 순간
우리는 어느새 입 안 가득히
불의 성질을 가진 입자들의 흐름을 맛보게 되는 것이다.
세상이 홰까닥 뒤집혀 버리는
도취의 순간을 맛보게 되는 것이다.

불고기

이가림

한국 사람한테
제일 좋아하는 음식이 뭐냐고 꼽으라면
늘 다섯 손가락 안에 불고기가 들어간다.
세계 어느 나라 사람이든
한번 먹어봤다 하면
단연 불고기가 최고라고 한다.
외국인들이 가끔 불고기를 코리언 바비큐라고
그렇게 말하지만
어디까지나 '불고기'라고
고유명사로 부르게 해야 한다.
고양이 문살 긁는 소리 내며
창가에 싸락눈 내리는 겨울날

농담 잘 하는 친구 녀석들 서넛 불러내어
뜨뜻한 장판방에 둘러앉아
불판에 육수국물 부어가며 먹는
그 불고기 맛이라니!
내 프랑스 친구 파트릭에게
고기를 그냥 구워먹는 게 아니고
갖은 양념 간장에 하룻밤 재워놓았다 먹어야
제 맛이 난다고 일러주자,
어떻게 고기를 침대에다 재우냐고 하는 바람에
크하하하, 크하하하, 크하하하……
배꼽 잡고 웃던 일 생각난다.
불고기 맛있게 먹는 법
알기 쉽게 설명할 사람 누구 없을까.

객주리 조림*

이명수

공복空腹이 추사유적지를 돌아 용머리해안으로 내려온다
산란함은 가라앉히고 평온함으로 길을 내
모슬포 부두식당에 들어선다
따뜻한 공복이 생선조림을 부른다
지천의 봄꽃이 귀하듯 객주리가 귀한 인연으로 내게 온다
객주리, 어느 물길 타고 여기 와 나하고 만난 것이냐

제주 겨울 무와 감자 함께 졸인 것에 볶은 메주 콩이 곁들여진다
이목구심耳目口心이 순해진다
공복감과 포만감 사이 객주리 한 마리가 하초를 타고 흐른다
지수화풍地水火風의 조화가 고요한 에너지가 된다

사시장춘四時長春,
내 몸이 늘 봄날이다

   *객주리 : 쥐치의 제주 방언.

안동 찜닭

이영광

    학력고사를 한 달여 앞두고 내가 또 미친병이 도져
    학교 안 가고 술 취해 드러누워 있을 때
    나락 타작하던 아버지가 찜닭을 사 들고 자취방엘 왔다
    삼부자가 그놈의 학교 졸업장 하나 못 받으면 무슨 개망신이냐고
    이거 먹고 내일은 꼭 학교 가라고, 맛있는 거라고
    처음으로 약한 모습 보이던 밤

    일은 죽어라 하면서도 툭하면 집구석 때려 부수고 들어 먹던
    처치 곤란의 아버지가 꼴도 보기 싫어서
    나는 말없이 찜닭을 먹으며, 찜닭이 맞나 닭찜이 맞나

소주나 한잔 더 했으면 좋겠네
　　생각하고 있었다 온 집안이 반대하던 시인 지망생
　　집이고 학교고 뭐고 확, 멀리멀리 탈출해버리고 싶었던,
　　하지만 고작 찜닭에 발목 잡힌 어린 열아홉
　　아버지 경운기 몰고 칠십 리 길 돌아가자
　　나는 포기했던 확률·통계 단원을 다시 펼쳤다

　　안동고등학교 1학년 중퇴생 아버지는 칠 년째 고향 앞산에 누웠고
　　2학년 중퇴생 형과, 그 밤 열심열심 찜닭 뜯던 누이는
　　민중으로 돌아가, 안동 찜닭으로 부산서 먹고 산다
　　닭하고 무슨 원수가 졌는지는 모르겠지만
　　개업 축하하러 와 다시 찜닭 앞에 앉고 보니,
　　어느덧 삼십 년이 흘렀고나

　　안동고등학교 33회 졸업생, 학교 너무 다녀 탈인 나는
　　누이가 익혀 낸 찜닭을 먹고 있지만
　　내가 삼십 년 전 그 밤으로 돌아가 있는 걸 식구들은 모를

것이다
　　소주잔을 연거푸 비우고는 있지만
　　아직도 찜닭이 맞나 닭찜이 맞나 생각 중인 줄 모를 것이다
　　뭐가 맞니껴, 물으면 나의 귀신 아버지는 술에 젖어
　　횡설수설할 것이다, 그냥 맛있는 거라고, 졸업장은 있어야 한다고
　　어옛든 학교는 가야 한다고

간장게장

이정록

내 별명은 밥도둑이다. 등딱지는
열 번 넘게 주조鑄造한 이각반합二角飯盒이다.
밥 한 그릇 뚝딱! 게눈 감추듯 치워버리는,
이 신비한 밥그릇을 지키려 집게손을 키워왔다.
손이 단단하면 이력은 두툼하다.
복잡한 과거가 아니라 파도를 넘어온 역사다.
양상군자梁上君子와 더불어 반상군자飯床君子로
동서고금의 도둑 중에 이대성현이 되었다.
바다 밑바닥을 벼루 삼으니 먹물마저 감미롭다.
음주고행으로 보행법까지 따르는 자들이
발가락까지 쪽쪽 빨며 찬양하는 바다.
내 등딱지를 통해 철통밥그릇을 배워라.

밥그릇은 어떻게 지켜야 하는가?
큰 그릇이 되려면 지금의 그릇은 버려라.
묵은 밥그릇마저 잘게 부숴 먹어라.
언제든 최선을 다해 게거품을 물어라.
옆걸음과 뒷걸음질이 진보를 낳는다.

산낙지

정호승

신촌 뒷골목에서 술을 먹더라도
이제는 참기름에 무친 산낙지는 먹지 말자
낡은 플라스틱 접시 위에서
산낙지의 잘려진 발들이 꿈틀대는 동안
바다는 얼마나 서러웠겠니
우리가 산낙지의 다리 하나를 입에 넣어
우물우물거리며 씹어 먹는 동안
바다는 또 얼마나 많은
절벽 아래로 뛰어내렸겠니
산낙지의 죽음에도 품위가 필요하다
산낙지는 죽어가면서도 바다를 그리워한다
온몸이 토막토막 난 채로

산낙지가 있는 힘을 다해 꿈틀대는 것은

마지막으로 한 번만 더

바다의 어머니를 보려는 것이다

굴비

조창환

굴비가 아련한 것은 기억 때문일까, 미각 때문일까

굴비 한 두름 노끈에 꿰어
의기양양하게 골목길 들어서시던 아버지, 아버지 냄새
굴비 구워 두레반상에 올리고
가시 발라 숟가락에 얹어 주시던 어머니, 어머니 냄새
굴비포 껍질 벗겨 찹쌀고추장 항아리에 층층이 쌓아 넣고
궂은날 옹기단지 들여다보시던 할머니, 할머니 냄새

굴비 한 마리에 짭짤한 법성포 바닷바람 묻어 있고
굴비 두 마리에 출렁이는 추자도 파도소리 스며 있고
굴비 세 마리에 쨍쨍한 연평도 여름 햇볕 녹아 있다

씹을수록 진득한 굴비 한 조각

감칠맛도 아니고 짠맛도 아니고 매운맛도 아닌

그 맛, 당길 맛

중국 맛도 아니고 일본 맛도 아니고 서양 맛은 더욱 아닌

그 맛, 조선 맛

우리 할아버지, 할머니, 아버지, 어머니

군침 돌아 입맛 다시던 그 맛, 당길 맛

굴비가 아련한 것은 그 맛, 당길 맛 때문이다

낙지볶음

허형만

자고로 힘이 떨어진 소에게
낙지 한 마리만 먹이면 뻘떡 일어선다 했다
살아 있을 때 칼로 온몸을 잘라도 한참을 꿈틀거리는
머리에 붙은 팔이 여덟 개라 팔팔한 낙지
흡반吸盤으로 조개를 잡아먹을 만큼 강인하면서도
성질은 순하고 독이 없고 그 맛은 달고
비늘도 없고 뼈도 없는 낙지
내가 알기로 낙지 중의 낙지는 역시
전라남도 무안 앞바다 갯뻘 속에서 숨쉬는
새까만 뻘낙지, 세발낙지가 최고라
산낙지는 산낙지대로, 낙지전골은 전골대로 제 맛이지만
소금으로 문질러 씻어낸 낙지와 입맛 돋는 고추장

다진 생강과 온갖 양념을 잘 버무려
자글자글 볶아낸 낙지볶음에 소주 한 잔 곁들이면
맛 중의 맛이요 보양 중의 보양이니
자고로 기운 없고 힘이 부친 사람이
낙지 한 마리만 먹으면 힘이 불끈 솟는다 했다

족발

황학주

각을 뜬 발들은 꽃잎처럼 얇다
꿀꿀거리는 소리를 알아들을 수 없으나
접시 위에 핀 꽃잎들은 귀띔을 해준다
더 갈 수 없을 때
꽃은 필 수 있다고
꽃이란 피할 수 없는 어떤 걸음,
혹은 희생이라는 것
가장 예쁜 꽃잎은
시궁창 속으로 가장 자주 지나간 부위라는 것
인간의 사랑 같은 것도
갈라지고 터진 발가락 같은 곳에 가끔씩 산다고

입 안에서 녹으면 귀가 간지럽다고
꿀꿀대며 내 말을 하지 말라고

사단법인 한국시인협회

시로 맛을 낸
행복한 우리 한식

초판 1쇄 발행일　2013년 6월 15일
3쇄 발행일　2014년 1월 27일

지은이 · 한국시인협회
펴낸이 · 김종해
펴낸곳 · 문학세계사

주소 · 서울시 마포구 신수로 59-1(121-110)
대표전화 · 702-1800, 팩시밀리 · 702-0084
mail@msp21.co.kr ｜ www.msp21.co.kr
트위터 @munse_books
출판등록 · 제21-108호(1979.5.16)
값 13,000원
ISBN 978-89-7075-564-9　03810
＊ 음식 · 사진—이기와

ⓒ 한국시인협회 · 문학세계사, 2013

＊ 후원 :　NH 농협